AF260313

LES
VRAIS AMIS
DU
PEUPLE FRANÇAIS

PAR

HENRY FORGE

> Peuple, peuple, jusques à quand te laisseras-tu
> duper..! Veux-tu savoir quels sont tes vrais
> amis ? Prends et lis ; mais lis jusqu'au bout.

DEUXIÈME ÉDITION

LYON
LIBRAIRIE JACQUES LECOFFRE
Ancienne maison Perisse frères de Lyon
LECOFFRE FILS ET Cⁱᵉ, SUCCESSEURS
2, RUE BELLECOUR, 2.
1871

La première édition a paru au commencement de l'année 1871. Celle-ci au
est l'abrégé avec plusieurs modifications. L'auteur semble avoir [prévu la
lutte fratricide qui vient d'ensanglanter Paris et de réduire en cendre les plus
beaux monuments; il fait même pressentir des catastrophes plus affreuses
encore si l'on ne se hâte de rétablir les vrais principes d'ordre trop longtemps
méconnus.

(NOTE DE L'ÉDITEUR.)

LES VRAIS AMIS

PEUPLE FRANÇAIS

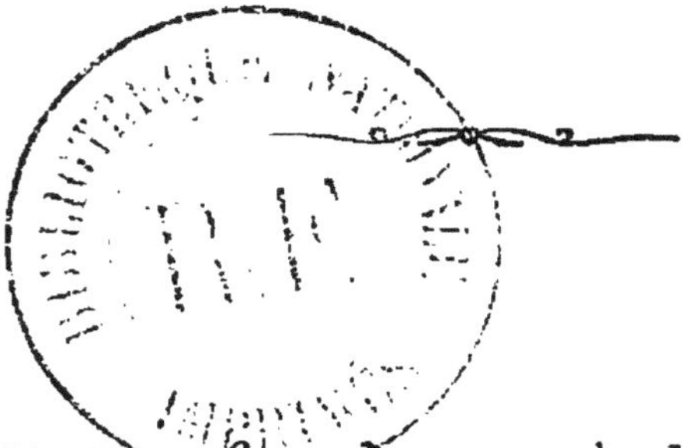

Nous sommes fiers des progrès de l'industrie et des arts, me dit un jour un économiste, et pourtant nous courons à l'abrutissement avec une effrayante rapidité. Le venin qui nous ronge, s'est insinué peu à peu dans tous les rangs et dans toutes les conditions. Son action délétère a changé la face des cités où la probité et les bonnes mœurs étaient le plus en crédit.

— Rien n'est plus vrai, repris-je. La ville de Lyon, pour ne citer qu'un exemple, n'était point autrefois, sous le rapport moral, ce qu'elle est aujourd'hui. Alors, un billet signé n'était pas nécessaire pour assurer le remboursement d'un prêt : aujourd'hui, même avec plusieurs signatures, on ne dort pas tranquille. Alors, une faillite était un événement dont on s'entretenait comme s'il se fût agi d'une calamité publique : maintenant chaque jour voit apparaître quelque nouvelle banqueroute. Alors on savait se contenter d'une modeste fortune acquise sous le patronage de la probité la

plus sévère : aujourd'hui l'on voudrait être million-
naire en quelques années. Autrefois ou vivait frugale-
ment du simple pot-au-feu : maintenant nos tables
rappellent la somptuosité païenne. Alors deux apothi-
caires, quelques herboristes et un petit nombre de mé-
decins suffisaient pour le soulagement des malades :
aujourd'hui l'on compte des uns et des autres plusieurs
centaines, les santés sont plus chancelantes et la faulx
de la mort plus active. Alors une escouade de gardes
urbains faisait aisément la police dans toute l'étendue
de la cité : aujourd'hui, pour la garder il faut une
ceinture de forts et toute une armée. Alors on allait à
la *Messe*, on aimait la vie de famille ; aujourd'hui le
cabaret et le café ont remplacé le foyer domestique ;
on ne sanctifie plus le Dimanche ; le dévergondage a
succédé à l'honnêteté publique ; le luxe le plus effréné
à la simplicité ; la fourberie, l'égoïsme, les clameurs
incendiaires à la droiture, à la bienveillance, à la
grosse joie de nos aïeux. Oh ! que de désastres ont pro-
duit parmi nous ces fameux principes de 89 auxquels
le bonheur de la France semblait attaché ! Et dans ces
derniers temps les prôneurs des idées modernes ne
nous assuraient-ils pas que, grâce à la marche ascen-
dante du siècle, le fer des batailles allait se changer en
instrument de labour ? Mais la voix des canons rayés,
des chassepots, des revolvers, des mitrailleuses, répétée
par tous les échos, mais les gémissements de nos guer-
riers captifs sur le sol étranger ont donné à la ligue
de la paix un démenti solennel.

— Hélas ! sous le poids de tant de catastrophes
si affreuses et si peu prévues, que fera la France

afin de relever sa gloire et de ramener dans son sein le règne pacifique des vertus sociales ?... Il faudrait pour cela, se hâter d'introduire certaines réformes dont on sent depuis longtemps le besoin. S'il vous est agréable, je vous donnerai lecture d'un programme que je me propose d'adresser à l'Assemblée nationale.

— Bien volontiers ; mais permettez-moi de vous demander sur quels principes vous faites reposer la stabilité et la sécurité d'un gouvernement, surtout chez un peuple qu'ont éclairé les lumières de l'Evangile.

— Mes réformes tendent toutes au bon ordre, à l'économie, à l'honnêteté publique.

— Prenez garde : les empires sont durables à proportion du respect envers l'autorité. Avant d'aborder le chapitre des différentes réformes, rendons à l'autorité son auréole divine ; qu'elle nous apparaisse comme une reine descendant des cieux et digne de toute notre vénération. Chose digne de remarque : Les principes ou plutôt les observations de Napoléon III, des républicains et des communards sont au fond les mêmes. On sait trop bien que les droits imprescriptibles de Dieu n'entrent pas dans les règles qui dirigent ces sages. Les communards disent brutalement : nous ne voulons pas de l'autorité divine. Les républicains, libéraux ou radicaux, n'en veulent guère davantage, au lieu de demander à Jésus-Christ le salut de la France cherchent avec la lampe débile de leur raison les moyens de l'arracher à l'abîme. C'est pitié de les voir. Partisans de maximes gouvernementales opposées aux lois de Dieu et de l'Eglise, ils sont aussi habiles à détruire qu'impuissants à fonder. Sans en avoir conscience, ils agissent tous plus ou moins en ennemis du peuple français. Chacun d'eux a une hache à la main et des ruines à ses pieds. Ces hommes-là ne sont pas capables d'autre chose : ils n'appartiennent point à la race des sauveurs. La France est un état catholique ; le Catholicisme l'a constituée ; il est sa vie. Et voilà ce qu'il importe de rappeler à nos gouvernants. La France grande sans Dieu, sans foi, sans religion : non cela ne se peut.

Un de mes amis, comprenant combien il est nécessaire, pour le bonheur du peuple, de placer Dieu et son Eglise à la base de l'ordre social, a composé sur ce sujet un mémoire que je tiens à la main. Il y met dans un si grand jour cette nécessité qu'il ne laisse aucune prise à l'erreur.

— Eh bien, lisez. La vérité me plaît ; je laisse à d'autres le triste privilége de la détester.

PREMIER ARTICLE.

Quand on donne pour cause de nos désastres la trahison ou l'incapacité, l'on s'arrête à un simple détail à il faut monter plus haut. Dieu est notre créateur et notre premier maître. Lui obéir est le plus sacré des devoirs ; une nation grandit ou s'abaisse, selon qu'elle est fidèle ou infidèle à ses lois. *La justice élève les peuples ; le péché les rend malheureux.*

O France, terre bénie entre toutes, le grand révolutionnaire, le prince du mensonge, de la jalousie et du désespoir, est parvenu à force de ruse et de perfidie à te pousser toi-même et à plonger tes enfants dans les plus noires infidélités. Bien des genoux sans doute n'ont pas fléchi devant l'idole de Satan ; mais comme nation tu as cessé d'être catholique. Louis XIV lui-même a préparé les voies. Tes places sont salies par les statues des divinités impures du paganisme au lieu d'être embellies par celles du Dieu sauveur, de la Vierge immaculée et des saints qui sont nés sur ton sol. Tu refuses à Jésus-Christ la satisfaction de parcourir les rues de ta capitale afin de te bénir ; mais le bœuf gras y est promené triomphalement, et pour lui laisser un libre passage la circulation des voitures s'arrête. Le bœuf Apis a pris la place du Dieu vivant. O France, te voilà devenue païenne. Mais tu es descendue plus bas encore : ta dégradation morale est telle que les païens eux-mêmes rougiraient de toi. L'athéisme, qu'ils regardaient avec raison comme le plus grand crime social, est devenu ta loi d'Etat. Il règne dans ton gouvernement, dans tes institutions, dans tes écoles même. Chaque semaine, tu présentes au monde le spectacle de ton apostasie par la profanation publique et générale du Dimanche, pendant que toutes les autres nations civilisées se font un devoir d'observer ce point fondamental. Pour la plupart des hommes, le café, le cabaret, la salle de danse, le théâtre, ont remplacé l'église. Le lundi est substitué au Dimanche, non pour la prière et le repos honnête, mais pour l'orgie. Nous avons déserté le culte divin ; la première des lois sociales est méconnue.

— Je réprouve, comme vous, cette audacieuse impiété. Il est essentiel de mettre rigoureusement en vigueur la loi contre le travail du Dimanche. Ce jour-là, le roulement des voitures et des wagons devrait être interdit comme en Angleterre; ni la gazette de l'Etat ni toute autre ne devraient paraître. Mais continuez votre lecture : elle m'intéresse vivement.

Malheur à la nation qui affecte d'oublier le plus grand de ses devoirs! Car voici ce que disait le Seigneur aux Juifs par la bouche du prophète Jérémie : « Si vous ne sanctifiez pas *mon jour*, je mettrai le feu aux portes de votre ville; il dévorera les maisons de *votre capitale.* »

La profanation du Dimanche entraîne nécessairement avec soi l'abandon de tous les devoirs religieux, et pousse à un désir effréné de jouissances que rien ne peut modérer ni satisfaire. Cet homme à qui vous avez appris à braver la loi de Dieu, ne regarde plus le Ciel comme le but de la vie, et pourtant il se sent dévoré par la soif du bien-être. Vous lui dites : « Le bonheur consiste à jouir des biens d'ici-bas; » vous le trompez. Mais séduit par les leçons et les exemples qui lui viennent d'en haut, il abandonne le Ciel pour la terre; il veut sa part d'or et de plaisirs; il entre en fureur; il est prêt à se livrer à tous les excès.

Et maintenant conducteur des peuples, bourgeois chamarrés de décorations, pouvez-vous sans frémir mesurer de l'œil la profondeur de l'abîme creusé sous vos pas par votre mépris pour l'autorité de Dieu? Vous avez trouvé plus commode de vous affranchir de la soumission aux lois de Jésus-Christ et de son Eglise : il vous a laissés à vous-mêmes et votre propre faiblesse ; et voici que vous chancelez comme un homme ivre.

Vous vivez au jour le jour, incertains du lendemain. Et pendant qu'une sourde inquiétude vous travaille, le Pape est tranquille dans la fosse aux lions où ses persécuteurs l'ont jeté. « Je m'étonne de la sérénité du Souverain Pontife tandis que nous sommes en proie à de perpétuelles convulsions, » disait un ambassadeur à un illustre cardinal. « Et moi, répondit celui-ci, je ne m'en étonne pas le moins du monde. Le Pape marche sur le terrain ferme des principes ; il a sa base en Dieu, dans la justice et la liberté ; mais vous avez abandonné ce terrain : et vous recourez à une foule d'expédients qui pallient le mal mais ne le guérissent pas. L'unique planche pour vous sauver du naufrage, c'est un retour sincère à Dieu et à son Eglise. »

Deux autres fruits de l'oubli de Dieu, c'est le mariage civil avec son cortége d'ignominies, et la liberté d'imprimer tous les blasphèmes, toutes les impiétés, toutes les turpitudes.

Qu'est-ce que le mariage civil ? L'immoralité sous le masque d'une loi athée. Tous les peuples ont regardé avec raison le mariage comme un acte essentiellement religieux. Lui ôter ce caractère, c'est un sacrilége. L'absence de la religion dans un acte si auguste, dégrade la famille, imprime au front des enfants une tache honteuse, ouvre la porte à des désordres effroyables.

Si l'on craignait que les registres paroissiaux laissassent à désirer sous quelque rapport, n'était-il pas facile d'attacher à chaque paroisse ou même à plusieurs paroisses réunies un adjoint du maire pour assister au mariage religieux et en dresser acte en même temps que le prêtre ?

Que dire maintenant de l'étrange liberté donnée à la presse ? Si l'empoisonneur des corps est un scélérat, l'empoisonneur des âmes ne se souille-t-il pas d'un crime mille fois plus détestable ? Or y a-t-il une impiété, un blasphème, une immoralité qui ne trouve pas son apologie dans nos romans, nos feuilletons, nos pièces de théâtre, nos journaux ? Souvent même on y ajoute, sous le nom d'illustrations, des figures d'une obscénité révoltante : de sorte que le poison est présenté sous toutes les formes, et par la plume et par le pinceau !...

Nos hommes d'état ont été assez aveugles pour ne pas remarquer que la liberté effrénée de la presse, comme la profanation du Dimanche, enfante le mépris de toute autorité. Ils ont dit : Nous permettrons d'insulter, tant qu'on voudra, Dieu et l'Eglise ; mais parler contre nos personnes est un crime inexcusable. Insensés ! comment ne sentez-vous pas que moins vous ferez respecter Dieu et le Pape, son représentant, moins on vous respectera vous-mêmes ? Aussi l'arbre a porté son fruit. Toute autorité est vilipendée ; la société roule dans un immense tourbillon ; les trônes s'affaissent, les rois s'en vont, et une dernière lutte se prépare entre les rangs supérieurs et les rangs inférieurs de l'échelle sociale.

Dans ces derniers temps surtout, l'impiété bourgeoise semble être montée à son comble. Elle a inventé une morale indépendante de Dieu et facile à plier au gré de l'orgueil et des passions. Elle a marqué d'un sceau sacré toute loi émanée de la majorité ; elle a justifié le fait accompli ; elle a défendu d'intervenir en faveur d'un peuple opprimé par un voisin ambitieux ;

elle a substitué le droit de la force à la force du droit et au respect des traités ; et parce que le Pape, gardien de la vérité et de la justice, bravant les clameurs de l'opinion publique égarée, a protesté au nom des principes éternels du vrai, du juste et de l'honnête, en déclarant à la face de l'univers qu'une morale dont la première assise n'est pas en Dieu, est un vain mot ; qu'au-dessus des peuples et des rois, il y a un ordre, une justice, des lois auxquelles les riches comme les pauvres, les savants comme les ignorants, les grands comme les petits sont tenus d'obéir ; que la force, l'art du succès, le fait accompli, ne sont point des droits ; que toujours, lorsqu'on le peut, on doit défendre le faible violemment opprimé ; parce que le Vicaire de Jésus-Christ a dit ces choses, on lui a reproché de n'être pas de son siècle et d'être un obstiné ; on lui a fait une guerre tantôt sourde, tantôt à découvert ; on l'a enfin délaissé et livré à ses ennemis en se lavant les mains, comme Pilate.

Ainsi ne nous aveuglons pas sur la vraie source de nos malheurs. Elle est tout entière dans le mépris de Dieu et de son Eglise. On a eu la sotte pensée que l'art de gouverner les peuples consistait à les abrutir en lâchant sur eux la liberté du mal tout en les enfermant, comme des bêtes féroces, dans un cercle de baïonnettes : l'application de ce système a rendu la France ingouvernable.

— La France est-elle donc la seule coupable ? me demanda l'économiste.

— Non, lui répondis-je, mais plus favorisée de Dieu que les autres nations elle s'est montrée plus ingrate.

La première de toutes, elle a arboré le drapeau de l'athéisme. C'est elle qui a provoqué l'apostasie des gouvernements d'Italie, d'Autriche et d'Espagne. On lui doit de ne plus voir en Europe, à cette heure, aucun État dont la constitution soit catholique ; on lui doit la captivité du Pape, dont elle a soudoyé les geôliers.

— Que penser de la prospérité au moins apparente dont jouissent les nations hérétiques ?

— Dieu humiliera ces nations à l'heure marquée par la Providence. En attendant il les fait jouir des avantages attachés à la stabilité dans la transmission de l'autorité souveraine, et je pense aussi qu'il les récompense de leur fidélité à respecter le repos du Dimanche. Mais l'homme sage jette ses regards au-delà de ce monde qui passe. Il sait que la prospérité est un malheur pour tout homme et tout peuple révolté contre l'autorité de l'Eglise et oublieux du terrible compte à rendre après la mort. Est-ce que l'Irlande catholique, si longuement et si cruellement persécutée par l'Angleterre protestante, n'est pas plus heureuse d'avoir conservé sa foi que si elle avait atteint la plus haute prospérité matérielle? Du reste, si le voltairianisme nous a menés plus vite à une dissolution sociale, le protestantisme y mène insensiblement. Son principe de libre examen ouvre la porte à toutes les erreurs et à tous les désordres. Déjà se font entendre en Angleterre, en Allemagne, en Suisse, et dans la schismatique Russie, de sourds mugissements, présages d'une grande tempête. Puissent ces nations prévenir d'épouvantables catastrophes, en se hâtant de rentrer dans le sein du catholicisme, seule arche du salut !...

— Je le désire comme vous, mais permettez-moi encore une observation : vous et votre ami vous me paraissez bien sévères envers la bourgeoisie.

— Il y a des exceptions fort nombreuses : sans quoi nous devrions désespérer de l'avenir. Ecoutez encore l'auteur du mémoire ; il semble avoir prévu votre observation.

Pouvais-je, dit-il, taire la vérité? Ai-je à craindre le reproche d'exagération?... A la honte de la France, Voltaire, le lâche adulateur du roi de Prusse, Voltaire, dont la plume a souillé de son venin l'honneur de l'héroïque Jeanne d'Arc, Voltaire, l'ennemi des Français et du Christ, a une statue au milieu de Paris, et les députés de la nation n'ont point protesté contre une telle infamie, et les citoyens qui ont prié le sénat de s'opposer à ce scandale ont été désapprouvés sous le prétexte qu'il s'agissait tout simplement d'honorer la mémoire d'un illustre écrivain ! Quoi! parce qu'un Français, indigne de ce nom, a brillé dans la littérature, on élèvera un monument à sa gloire au sein d'une patrie par lui trahie et répudiée ! Non, non, messieurs les députés et messieurs les sénateurs, ce n'est pas l'écrivain, c'est l'impie dont vous avez autorisé la glorification : personne, excepté les niais, n'a pu s'y tromper.

Je parle ici sans fiel. Vos principes me font horreur, mais j'aime vos personnes : que ne puis-je au prix de mon sang vous tirer du lamentable aveuglement où je vous vois plongés ! Vous vous donnez le titre d'honnêtes gens : le méritez-vous ? Oui, vous n'avez ni tué les corps ni volé les bourses, mais **n'avez-vous pas** favorisé la multiplication des cafés et des cabarets afin d'attirer l'argent du pauvre peuple dans les caisses de l'état, sans pitié pour tant de malheureux qui se ruinent et s'abrutissent en même temps qu'ils laissent dans l'abandon leurs femmes et leurs enfants? Et puis n'avez-vous point trompé le peuple par vos écrits malsains? Ne l'avez-vous pas trahi par vos mensonges, égaré par vos scandales? Vous lui avez ravi sa foi en Dieu et ses immortelles espérances, et vous vous dites honnêtes! Par le mariage civil, vous avez désorganisé la famille : par la liberté de la presse et la profanation du Dimanche, vous avez donné une large expansion à toutes les erreurs et à tous les vices; vous avez substitué la religion élastique de l'honnête homme à la religion immuable et divine ; vous avez prétendu vous passer de Dieu ou le servir à votre fantaisie ; vous avez fait adopter par l'ouvrier vos principes impies dont il tire la conséquence, *pour son malheur et pour le vôtre,* en mettant le droit dans le nombre et la force ; et après cela, chacun de vous osera dire :

Le jour n'est pas plus pur que le fond de mon cœur !...

— Avouez que le peuple aussi est bien mauvais.

— Il est mauvais, m'écriai-je, et comment en est-il venu à ce degré d'impiété, de vertige et de désordre? Le premier coupable n'est-ce pas le bourgeois romancier, journaliste, scandaleux, ennemi de Dieu et de l'Eglise et par conséquent ennemi du peuple? Les passions sans doute ont toujours fait de grands et déplorables ravages dans le cœur de l'homme; mais de nos jours surtout, les voltairiens les ont divinisées. Ils sont allés, les malheureux, jusqu'à placer sur le front des prostituées et des adultères la couronne de la vertu !... Si j'avais devant moi le peuple français, je lui dirais : Peuple, peuple, n'ajoute plus foi aux paroles mensongères et traîtresses de ces hommes dont le but ordinaire est d'avoir de l'or, des places et des plaisirs. Ils t'ont flatté, ils ont travaillé à te corrompre de peur que l'exemple de tes vertus ne les fît rougir ; et tu les as écoutés, et tu as applaudi : tu as eu tort. Reconnais ton erreur ; ne sois plus leur jouet ; jette-toi dans les bras de l'Eglise : elle est mère, elle est bonne. En elle tu trouveras la vérité, la force pour résister au mal, la consolation dans tes peines, de douces espérances, et le chemin sûr pour arriver au Ciel. C'est elle aussi qui seule a la vertu de rendre heureux même ici-bas. En effet, la paix est dans l'ordre ; l'ordre et dans la fidélité à Dieu. Quand la religion est en honneur, la probité, la pureté des mœurs, la franchise, la cordialité, l'amour du travail, une sage économie, le respect pour l'autorité des parents, des maîtres et des magistrats, en un mot toutes les vertus sociales forment une intime union entre les citoyens, et les font jouir d'une douce tranquillité. Tel est l'infaillible résultat de l'observation des lois de Dieu et de son Eglise.

— Vous me dessillez les yeux, et vous me rappelez une conversation qui s'engagea ces jours derniers entre un homme du peuple et moi. « La cause de tous nos maux, disait-il, et même des victoires de la Prusse, ce sont les prêtres. » Comment, lui répondis-je, comment vous, homme de bon sens, pouvez-vous ajouter foi à une calomnie si évidente ? — Oh ! je l'ai entendu dire.

— Eh bien, la première fois que vous rencontrerez cet infâme menteur, mettez-le au défi de vous donner des preuves nettes et précises de ce qu'il avance. Apprenez-lui, s'il l'ignore, que les prêtres sont des ministres de paix et qu'ils ne cesseront de nous exhorter à la concorde, et de demander au Ciel la fin de nos tribulations. Le peuple n'a point de meilleurs amis. Leur dévouement pour nos soldats blessés est admirable. Un certain nombre ont acccompagné en Allemagne nos compatriotes captifs ; plusieurs ont été incarcérés par les Prussiens qui les accusaient d'exciter les prisonniers à la révolte. Et puis, ne sont-ils pas la plupart enfants du peuple ? N'ont-ils pas des frères, des parents qui ont péri sur le champ de bataille ou ont été blessés, faits prisonniers ? Les dire ennemis de la France, ennemis de leurs familles, c'est un mensonge si grossier que les journaux les plus impies n'ont pas osé s'en faire l'écho. Lisez donc la lettre de monseigneur l'évêque d'Angers au roi Guillaume, et dites-moi si l'on peut trouver des sentiments plus patriotiques ? — Je ne contredis pas, mais que voulez-vous ? c'est la mode aujourd'hui de parler des prêtres. — Eh quoi ! répandre des accusations aussi fausses que malveillantes contre des innocents sans défense, vous appelez cela une mode !... moi, je l'appelle une scélératesse. — On répète ces bruits comme autre chose, sans penser faire mal. — Si c'était vous que l'on traitât ainsi, ne seriez-vous pas indigné ? — C'est vrai ; je suis dans mes torts, je ne parlerai plus contre les prêtres.

— Pauvre peuple, comme on t'a trompé jusqu'ici !... Non, le premier auteur de tes souffrances physiques et morales ce n'est pas le clergé, c'est l'impiété voltairienne et libre-penseuse.

— Rien ! n'est plus évident. Mais ce n'est point assez de connaître où est le mal, il s'agit encore et surtout de le guérir.

— Le remède au mal est précisément l'objet du mémoire dans son second article.

DEUXIÈME ARTICLE.

Il y a quelques années, sur le point de quitter ce monde, un de nos écrivains les plus éminents prit son crucifix et le regard fixé sur l'image du Christ, il dit : *Jésus seul sauvera la société moderne.* Mais, pour être sauvé il faut sentir sa faute et s'humilier. Le publicain se frappe la poitrine, il se reconnaît coupable : Dieu lui pardonne. L'orgueilleux pharisien se vante d'être honnête homme et presque saint : il sort du temple chargé des malédictions du Ciel.

Louis XVIII aurait dû se rappeler dans l'exil les tristes pressentiments de Louis XVI qui disait, en parlant de Voltaire et de Rousseau : « ces deux hommes ont perdu la France. » Loin de là, il épousa le libéralisme bourgeois. Sous son règne, Voltaire et Rousseau eurent les honneurs de la réimpression. Il eut la bonhomie de se croire plus habile que Napoléon Ier qui n'était guère dévot et pourtant se disait incapable d'assurer la prospérité d'une nation où de tels ouvrages auraient cours. Un jour (c'était encore pendant l'exil), un prêtre animé d'un saint zèle avait attribué le bouleversement de la France et les horreurs dont elle était le théâtre, à l'esprit philosophique et à l'immoralité répandus au sein de la noblesse et de la bourgeoisie, d'où ils s'étaient infiltrés dans la classe populaire. Il avait ajouté que l'avenir de la France dépendait d'un retour sincère à Dieu et à l'Eglise. Un murmure de désapprobation accueillit le prédicateur ; on le pria de ne plus reparaître. Hélas! il avait dit la vérité à des hommes trop orgueilleux pour l'écouter avec un cœur docile. Aussi qu'avons-nous vu? Louis XVIII est monté sur le trône et l'impiété voltairienne s'est assise à ses côtés.

Napoléon III surtout a caressé l'hydre aux cent têtes, se croyant assez habile pour lancer le monstre d'une main et le retenir de l'autre; le flatter et l'enchaîner tout à la fois. Il lui a permis de se ruer sur ce qu'il y a de plus vénérable et de plus sacré, et de saper jusque dans leurs fondements tous les principes de religion et de vertu ; et il a mis la France dans l'état d'un malade en lutte avec la mort.

Français, que tant de leçons nous soient profitables. Maudissons l'impiété, l'hypocrisie et l'obscénité voltairiennes. Jetons à bas, brisons la statue de l'impudent philosophe qui écrivait à ses amis : « mentez, mentez, il en restera toujours quelque chose. »

Français, la main de Dieu nous frappe ; mais celui qui nous châtie est un père : il veut nous tirer de nos égarements. Convertissons-nous, crions de toutes parts: *Miséricorde!* Prenons pour drapeau l'étendard bleu de ciel de la Vierge immaculée; consacrons-nous solennellement au cœur de son divin Fils. La France est le royaume de Marie, *regnum Galliæ, regnum Mariæ.* Dieu qui s'est plu à faire de grandes choses par les Francs, *gesta Dei per Francos*, Dieu qui nous a sauvés autrefois par une faible bergère, peut, d'un instant à l'autre, nous envoyer une main libératrice. Mais convertissons-nous.

Français, à quelque classe de la société que nous appartenions, nobles, bourgeois, cultivateurs, artisans, étouffons le principe de nos discordes civiles en nous embrassant tous à l'ombre de la foi catholique.

Français, l'heure du retour est sonnée; répondons à l'appel de la miséricorde divine. Le moment est solennel. Le sort de notre patrie est entre nos mains : elle se relèvera de ses ruines et sera de nouveau grande et florissante si nous revenons franchement à Dieu. Mais quel enchaînement de catastrophes plus terribles encore n'aurions-nous pas à craindre, et surtout la perte de la foi ne viendrait-elle pas mettre le dernier sceau à notre infortune si nous nous endurcissions !....

Français, au nom de nos familles désolées, au nom de notre patrie presque noyée dans le sang, convertissons-nous, revenons à Dieu.

Quant à vous, catholiques zélés pour la gloire de Dieu et le salut de vos frères, hommes de foi, prêtres vénérables, frères enseignants, sœurs hospitalières, religieux et religieuses de tous les Ordres, vous avez à remplir à cette heure une mission de dévouement absolu. Opposez aux calomnies et aux persécutions des voltairiens les œuvres de la charité la plus ardente, les uns par la prière, les autres par l'action. — Mais qu'ai-je besoin de vous exhorter quand un cri d'admiration et de louange retentit d'un bout de la France à l'autre? On vous a reconnus à vos fruits et en même temps on a senti quelle immense ressource offrent à la patrie en deuil les couvents si méchamment décriés par le voltairianisme. Sans eux, un grand nombre des blessés n'auraient-ils pas péri faute de soins? « C'est un devoir pour nous, dit *l'Opinion nationale*, de rendre justice au zèle des religieuses pour nos malades et particulièrement au courageux dévouement avec lequel les frères des écoles chrétiennes vont ramasser les blessés jusque sous les balles ennemies. »—« Leur robe de bure, dit le *Figaro*, peut maintenant marcher de pair avec les plus glorieux uniformes; ils ont tenu le drapeau de la patrie. »

Français, qui malgré les scandales de l'impiété avez conservé dans vos cœurs la foi et la charité catholique, ne cessez de rendre le bien pour le mal, sans attendre votre récompense en ce monde. Puissent les voltairiens et les solidaires, en se sentant si fortement aimés de vous après vous avoir poursuivis de leurs sarcasmes et de leurs violences haineuses, abjurer leurs erreurs et se jeter, comme l'enfant prodigue, dans les bras du Père céleste, qui ne veut pas la damnation du pécheur, mais sa conversion et son salut éternel!

— La lecture du mémoire terminée, l'économiste me serra affectueusement la main, en me disant: « Merci; grâce à vous et à l'écrit de votre ami, je connais maintenant le mal et le remède.

Je sais quels sont les ennemis du peuple, et quels sont ses amis véritables.

Mais je ne voulus pas le tenir quitte de la lecture de son programme de réforme. C'est une satisfaction, lui dis-je, que vous ne me refuserez point.

—Si la France, me répondit-il, redevient catholique, les réformes s'imposeront d'elles-mêmes. Toutefois, puisque tel est votre désir, je vais vous en signaler un certain nombre, mais sans m'arrêter à développer les motifs de chacune d'entre elles.

Nul électeur avant l'âge de trente ans ; nul éligible avant quarante ans ; obligation de savoir lire et écrire pour être électeur ou éligible et pour occuper une fonction publique quelconque ; la cellule substituée à la prison ordinaire, mais avec la surveillance des Frères et la réduction des onze douzièmes sur le temps de détention marqué par le Code pénal ; bannissement des récidifs pour vol, banqueroute frauduleuse et crimes emportant condamnation aux travaux forcés ; plus de bans ; la conscription remplacée par le régime militaire suisse ou anglais ; aucun traitement au-dessus de 15,000 fr., excepté celui du chef de l'Etat que l'on pourrait élever à trois millions, à cause de la nécessité où il est de représenter ; point de cumul ; réduction des frais de justice et des frais d'acte quelconque de papier et d'enregistrement ; toute discussion, tout règlement entre particuliers soumis d'abord à l'arbitrage de trois membres de la famille, ou de chaque famille s'il y en a plusieurs d'intéressées ; puis, en cas de non-accord, appel au juge de paix ; et en dernier ressort au tribunal supérieur. Diminution des neuf dixièmes des droits actuels d'enregistrement et de mutation ; les places, dans toutes les branches de l'administration civile ou militaire, mises au concours ; l'enseignement libre ; l'Université dissoute ; chaque corporation d'ouvriers représentée par deux syndics nommés ainsi que deux syndics suppléants à des époques déterminées. Hors des réunions syndicales, toute autre réunion défendue.

Les théâtres dirigés de manière à inspirer la vertu ; droit pour tout citoyen de poursuivre en diffamation, quiconque outrage calomnieusement une corporation ou un individu ; les chemins de fer régis par l'Etat ; interdiction d'hypothèque et de saisie sur toute propriété d'une valeur au-dessous de 12,000 francs, et empêchement de la vendre sans l'avis préalable du conseil de famille ; l'excédant seul soumis à l'hypothèque et à la vente ; diminution dans chaque famille d'un huitième des impositions pour chaque enfant vivant, après le quatrième.

Cafetiers et cabaretiers nommés parmi les soldats libérés du service, et assujettis , ainsi que les chefs de cabinets littéraires , à un cautionnement et à l'abonnement à la gazette de l'Etat ; mais affranchis de la régie ; cafés chantants interdits ; maires nommés sur une liste de six membres présentés par le conseil municipal ; instituteurs nommés dans chaque commune par une commission composée du maire , du curé de la commune et du juge de paix du canton.

Chaque commune chargée de nourrir ses *pauvres*, tout en exigeant d'eux un travail proportionné à leurs forces ; — défense de qu'tter son canton pour aller établir ailleurs son domicile, à moins qu'on ne justifie de moyens assurés d'existence ; les députés de chaque arrondissement nommés par les maires de l'arrondissement ; — les maires de chaque département chargés d'établir le budget départemental ; — les députés chargés spécialement de la législation générale, du budget gouvernemental et de l'épuration des comptes.

Voilà les réformes qui m'ont paru les plus importantes ; mais vous m'avez convaincu de la nécessité de mettre en première ligne l'observation de la loi du Dimanche, la réhabilitation du mariage religieux, et la répression des écarts d'une presse impie et immorale.

— Oui, l'action religieuse est le seul gage assuré d'une sage et honnête administration, en même temps qu'elle dirige les hommes vers leurs destinées éternelles. Ainsi l'ont toujours pensé les vrais amis du peuple. Mais les voltairiens, qui font sonner haut les mots magiques : *liberté, égalité, fraternité*, ne recèlent en général dans leur cœur qu'égoïsme, haine et despotisme. Quand ils proclament la souveraineté du peuple, c'est pour se moquer de lui. Aujourd'hui ils prodigueront les poignées de main, et quand ils seront élevés sur le pavoi, la scène changera : le peuple ne sera plus qu'un troupeau parqué. Peuple, peuple, peux-tu attendre un autre traitement de la part de ces hommes dont le cœur est fermé à la crainte de Dieu ?...

— Vos paroles m'ont éclairé, et je partage pleinement votre avis. Que ne puis-je verser à flots la lumière au sein des multitudes égarées par les paroles impies et mensongères des voltairiens et des libres-penseurs dont l'impudence hypocrite appelle ennemis du peuple ses véritables amis !...

Lyon. — Imprimerie Jules Ressier, rue Mercière, 47.